Liebe Leserin,
lieber Leser,

mit dem Almased-Shake kann man hervorragend abnehmen und
er ist noch dazu super gesund – darum nutzen ihn selbst Sportler
zur optimalen Trainingsunterstützung. Die Almased-Vitalkost hilft
Ihnen dabei, Ihr Wunschgewicht zu erreichen und zu halten, und
versorgt Sie mit allem, was Ihr Körper braucht.

Nur mit Wasser angerührt, schmeckt der Almased-Shake neutral.
Zusätzlich gibt es unglaublich viele Möglichkeiten, aus jedem Shake
einen exquisiten Genuss zu machen: von scharf über gemüsig oder
fruchtig bis lieblich … Dabei spielen Gewürze und Früchte eine Rolle, die zusätzlich den Stoffwechsel ankurbeln und Vitamine liefern.
Es versteht sich von selbst, dass alle Rezepte dem Almased-Prinzip
entsprechen, Sie können also nach Lust und Laune auswählen.

Je mehr Genuss und Abwechslung Sie während der Almased-Diät
haben, desto leichter fällt es Ihnen „dranzubleiben". In der kurzen
Startphase, in der Sie alle 3 Mahlzeiten durch einen Shake ersetzen,
könnten Sie mit einem erfrischenden Zitrus-Shake in den Tag starten, sich mittags mit dem exotischen Asia-Style-Shake verwöhnen
und sich abends noch einen cremigen Avocado-Lassi gönnen. Aus
den mehr als 50 Rezepten finden Sie bestimmt schnell Ihre Favoriten
heraus. Ich wünsche Ihnen nun viel Freude beim Ausprobieren.

Ihre Andrea Stensitzky-Thielemans

❯❯ Specials

INHALT

Satt abnehmen

Warum scheitern so viele Diäten? Weil sie nicht mit unserem Körper, sondern gegen ihn arbeiten. Hungern, Verzicht und einseitige Ernährung sind out. Erfolgreich und nachhaltig nehmen Sie nur dann ab, wenn Ihr Stoffwechsel optimal läuft. Wie das geht? Verbünden Sie sich mit Ihren Stoffwechsel-Hormonen im Kampf gegen die überflüssigen Pfunde. Ihre Helfer heißen: Ghrelin, Leptin und Insulin. Sind diese drei immer im grünen Bereich, verlieren Sie problemlos Gewicht.

- Ghrelin ist das Hungerhormon. Ist der Magen leer, schreit es „Alarm" und wir greifen wie ferngesteuert zum Schokoriegel. Ghrelin sollte also immer schön unten bleiben.
- Leptin ist ebenfalls für Hunger und Sättigung zuständig. Auch der Leptinspiegel sollte auf einem niedrigen Niveau sein.
- Insulin schießt immer dann intensiv nach oben, wenn wir Zucker- oder Weißmehlprodukte essen. Deshalb sind solche Lebensmittel kontraproduktiv beim Abnehmen.

Eine eiweißreiche aber kohlenhydratarme Ernährung sorgt dafür, dass Sie langfristig satt bleiben, fit sind und spielend abnehmen. Almased entspricht genau diesen Prinzipien und hat exakt diese Wirkungen. Das ist in Studien belegt.

- Die schnellen Shakes ersetzen eine vollständige Mahlzeit.
- Sie werden richtig satt! Und bleiben es auch für gute 4 Stunden!
- Mit den Rezepten verfeinern und variieren Sie die Shakes.

» Magenknurren? Gibt's nicht mit meinem Almased.«

Was darf in
die Shakes?

Klar, die wichtigste Zutat für jeden Shake ist Almased. Die richtige Menge richtet sich nach Ihrer Körpergröße (siehe S. 10). Das Pulver wird mit kalter oder lauwarmer Flüssigkeit angerührt. Heiß darf diese nicht sein, sonst würden die wertvollen Inhaltsstoffe von Almased leiden.

Die einfachste Variante ist die Zubereitung mit Wasser. So angerührt, schmeckt der Shake neutral. Genauso kalorienarm, aber schon interessanter im Geschmack wird er, wenn Sie ihn mit Tee aufgießen. Das kann jeder beliebige selbst gebrühte Kräuter-, Gewürz-, grüner oder aromatisierter Tee sein. Fertige Tee-Erfrischungsgetränke sind nicht geeignet, weil sie jede Menge Zucker enthalten.

Statt Wasser können Sie auch gern Milch, Joghurt oder Kefir (alle mit 1,5 % Fettgehalt) oder Buttermilch verwenden. Oder wie wäre es mit Molke (ungezuckert und natur), Kokosmilch, Sojadrink (ungezuckert und fettreduziert), Mandeldrink oder Seidentofu? Einfach ausprobieren! Mit Vollmilch, Sahne oder ähnlich fettreichen Flüssigkeiten würden Sie Ihr Abnehmvorhaben allerdings torpedieren. Auch fertige (ungezuckerte!) oder selbst hergestellte Gemüsesäfte sind super geeignet und bringen ein dickes Plus auf Ihrem Antioxidanzien-Konto. Ob Sie das Gemüse entsaften oder komplett pürieren und dann mit Wasser auffüllen, bleibt Ihnen überlassen. Fruchtsäfte sind dagegen – leider! – gänzlich ungeeignet, da sie zu viel Zucker enthalten (egal, ob der nun aus den Früchten selbst stammt oder noch zugesetzt wurde). Denn Fruchtzucker ist nun mal auch Zucker. Vielleicht kennen Sie die Begriffe „glykämischer Index" (GI) und „glykämische Last" (GL). GI und GL würden durch den hohen Zuckergehalt verändert werden und damit das Wirkprinzip unterlaufen.

Aus dem gleichen Grund bitte auch selbst keinen Zucker in Ihren Shake geben – auch nicht in Form von gezuckertem Kakaopulver, Marmelade o. Ä. Dennoch sind 1a-Fruchtshakes möglich, wenn Sie sich an die in den Rezepten angegebene kleine Menge von Beeren oder Exoten wie Mango, Maracuja und Ananas halten. Bei den Früchten kommt es besonders auf Sorte und Menge an, denn die sind genau auf GI und GL abgestimmt. Richtig raffiniert werden Shakes mit Gewürzen wie Zimt, Curry, Kurkuma, Ingwer und Koriander. Das gibt auch noch einen Extra-Stoffwechsel-Kick (siehe S. 64–65).

Shake it,
Baby, shake it!

Die Rezepte sind so gestaltet, dass Sie sie ganz einfach nachbereiten können. Sie brauchen

- den original Almased-Shaker (gibt es in der Apotheke),
- einen Pürierstab und ein hohes Gefäß oder
- einen Mixer und/oder
- einen Entsafter.

Der Almased-Shaker hat einen ganz besonderen Einsatz, der dafür sorgt, dass die Zutaten sich perfekt mischen und emulgieren. Dadurch wird der Shake schön cremig. Der Deckel schließt absolut dicht. Hygienisch ist das Ganze auch noch, denn der Shaker ist spül-

maschinenfest. Mit einem Pürierstab lassen sich die klein geschnittenen Zutaten auch direkt im Shaker pürieren. Sollten Sie einen Entsafter besitzen, können Sie Gemüsesäfte rasch selbst herstellen. Haben Sie keinen? Macht nichts, dann nehmen Sie den Pürierstab oder den Mixer zu Hilfe. Bitte alle Gemüsesorten vorm Pürieren waschen und bei Bedarf (z.B. Kohlrabi, Rettich) schälen und zerkleinern. Sie können die Gemüsepürees oder -säfte immer mit Wasser oder Mineralwasser auffüllen, um die gewünschte Konsistenz zu erhalten. Fertige Gemüsesäfte gibt es natürlich auch zu kaufen. Aber bitte darauf achten, dass kein Zucker zugesetzt ist.

Wenn Sie den Shake mit Tee anrühren, bitte ausreichend lange abkühlen lassen. Mehr als lauwarm (40 °C) darf er nicht sein. Das Gleiche gilt für die Tomatencremesuppe.

Bei den Shake-Rezepten gibt es jede Menge leckere Zutaten. Da ist vielleicht die Versuchung groß – schwupp –, einfach noch ein bisschen mehr davon zu nehmen. Keine gute Idee, denn die Zutaten und Mengen sind tatsächlich genau kalkuliert.

Shaken

1. Fragen Sie in Ihrer Apotheke nach dem Original-Almased-Shaker. Damit ist shaken kinderleicht.
2. Früchte können Sie direkt im Shaker pürieren.
3. Und nicht vergessen: hochwertiges Pflanzenöl gehört in jeden Shake!

Das richtige Öl für den Shake

Das gilt aber auch in die andere Richtung. Einige denken vielleicht: „Warum soll ich immer Öl dazugeben? Das schmeckt nach nichts und ist doch das pure Fett. Die Kalorien spare ich mir lieber." Tatsächlich ist es aber so, dass Sie gerade in den Phasen, in denen Sie sich überwiegend von Shakes ernähren, unbedingt hochwertiges Pflanzenöl brauchen, um ausreichend Omega-3-Fettsäuren zu sich zu nehmen. Raps-, Lein-, Walnuss- und Sojaöl sind perfekt geeignet, da sie einen hohen Anteil dieser Fettsäuren aufweisen.

- Walnussöl wird in der Regel kalt gepresst angeboten und hat einen nussigen Geschmack.
- Auch Leinöl wird kalt gepresst. Es hat den höchsten Gehalt an den wichtigen Omega-3-Fettsäuren. Es hat einen eigenen Geschmack, ist besonders empfindlich und sollte zügig verbraucht werden.
- Rapsöl ist, sofern nicht kalt gepresst, geschmacksneutral und eignet sich sehr gut, wenn man das Öl nicht hervorschmecken möchte.
- Auch Sojaöl ist geschmacksneutral.
- Olivenöl enthält so gut wie keine Omega-3-Fettsäuren, ist aber dennoch aufgrund seines Fettsäuremusters gut geeignet und passt gut, wenn Tomaten und italienische Kräuter mit von der Partie sind.

Wie viel Almased brauche ich?

Die benötigte Almased-Menge orientiert sich an Ihrer Körpergröße. Die entsprechenden Angaben finden Sie in der nebenstehenden Tabelle für alle 4 Phasen der Almased-Diät. Wenn Sie zu viel oder zu wenig verwenden, wird die Almased-Diät nicht wie gewünscht funktionieren. Die richtige Almased-Dosierung ist also entscheidend für die erfolgreiche Gewichtsreduktion. Ein gehäufter Esslöffel Almased entspricht 10 g.

Für 50 g Almased benötigen Sie zum Anrühren 200 ml Flüssigkeit, für 60–80 g Almased nehmen Sie 250–300 ml Flüssigkeit. Falls Sie statt Wasser fettarme Milch oder eine andere fettarme Flüssigkeit nehmen, bitte nur maximal 200 ml davon verwenden und bei Bedarf den Rest mit Wasser auffüllen.

Aufgrund unserer Studien hat sich folgende Dosierung als optimal herausgestellt:

Mengenangaben für die 4 Phasen der Almased-Diät

Körpergröße	Phase 1	Phase 2	Phase 3	Phase 4
	3× täglich	2× täglich	1× täglich	1× täglich
Ab 150 cm	5 gehäufte Esslöffel (50 g)	5 gehäufte Esslöffel (50 g)	5 gehäufte Esslöffel (50 g)	5 gehäufte Esslöffel (50 g)
Ab 160 cm	6 gehäufte Esslöffel (60 g)	6 gehäufte Esslöffel (60 g)	6 gehäufte Esslöffel (60 g)	6 gehäufte Esslöffel (60 g)
Ab 170 cm	7 gehäufte Esslöffel (70 g)	7 gehäufte Esslöffel (70 g)	7 gehäufte Esslöffel (70 g)	7 gehäufte Esslöffel (70 g)
Ab 180 cm	8 gehäufte Esslöffel (80 g)	8 gehäufte Esslöffel (80 g)	8 gehäufte Esslöffel (80 g)	8 gehäufte Esslöffel (80 g)

Die

Zimt
Zimt wirkt positiv auf die Produktion von Verdauungsenzymen. Außerdem enthält er Stoffe, die den Blutzucker und Blutfettwert senken können.

Soja
Sojamilch oder Seidentofu sind sehr eiweißreich und damit ideale Zutaten, um besonders lange sattzumachen. Dabei enthalten sie sehr wenig Kohlenhydrate.

Vanille
Entweder das Mark einer Vanilleschote oder fertiges Pulver nehmen (keinen Zucker!). Schmeckt edel und fein und rundet den Geschmack der Shakes wunderbar ab.

Dunkles Kakaopulver
Es ist reich an Flavonoiden und Polyphenolen. Diese wirken positiv auf den Blutdruck und die Blutfette. Ein halber Teelöffel reicht für einen leckeren Schokogeschmack. Und tut der Seele soooo gut. Naschen ist also erwünscht.

Klassiker

Mandeln

Geriebene Mandeln oder
Mandelmus machen den Shake
noch schmackhafter und liefern
Eiweiß, Magnesium und Kalzium.
Bitte nur in den angegebenen
Mengen verwenden, denn sie
sind sehr fettreich. Glücklicher-
weise ist das enthaltene Fett das
„gute" Fett.

Öl

Zu jeder Shake-Mahlzeit gehört
eine kleine Menge hochwertiges
Pflanzenöl, z. B. Lein-, Soja- oder
Walnussöl. Diese drei liefern
besonders viel von den wichtigen
Omega-3-Fettsäuren. Bitte die
angegebene Menge genau ein-
halten: meist 1 EL oder 1 TL, wenn
die anderen Zutaten bereits sehr
fetthaltig sind.

Mandeldrink

» Mmmhhh, schmeckt super mandelig. – Kurkuma, Ingwer und Vanille geben zusätzliche Geschmacksnoten.

🕐 **5 Min.**

200 ml Mandeldrink (Alpro Soja) • 10 g geriebene Mandeln • 50 g Almased • 1 EL Leinöl • 2–3 Tropfen Bittermandelöl • 1 Prise Kurkuma • 1 Prise Ingwerpulver • 1 Prise Vanillepulver

Alle Zutaten zu einem cremigen Shake verrühren, mit Vanillepulver bestreuen, in ein schönes Glas füllen und genießen.

Nährwerte: ›385 kcal ›30 g E ›19 g F ›22 g KH ›1,8 BE ›4,4 g BS

Schoko-Shake

>> Geheimwaffe gegen Süßhunger und Schoko-Attacken. Einfach köstlich!

⊙ **5 Min.**

200 ml Mineralwasser •
1 EL Walnussöl • 1 TL Tannenhonig •
½ TL dunkles Kakaopulver •
¼ TL Zimt • ¼ TL Vanillepulver •
50 g Almased

Alle Zutaten kräftig miteinander verrühren, in ein Glas füllen und genüsslich auf der Zunge zergehen lassen.

Nährwerte: >300 kcal >27 g E >12 g F >19 g KH >1,6 BE >0,5 g BS

Zimt-Shake

» Super Tipp für die kalte Jahreszeit: Etwas Zimt dazugeben, das wirkt wärmend.

⊘ **5 Min.**

200 ml Mineralwasser • 1 EL Leinöl •
1 TL Zimt • ¼ TL Vanillepulver •
50 g Almased

Alle Zutaten kräftig miteinander verrühren.

Nährwerte: ›275 kcal ›27 g E ›12 g F
›15 g KH ›1,3 BE ›0 g BS

Soja Pur

≫ Mehr Eiweiß geht fast nicht – hält Sie
lange satt und fit.

⊘ **3 Min.**

150 ml Sojadrink • 50 g Seidentofu •
1 EL Rapsöl • 50 g Almased •
½ TL Zimt • 1 Prise Vanillepulver •
1 Prise Ingwerpulver

Alle Zutaten gut miteinander verrühren.

Nährwerte: ›340 kcal ›34,4 g E
›14,2 g F ›18 g KH ›1,5 BE ›1,5 g BS

» Die heiße Gemüse-
brühe wärmt mich
herrlich. «

Die 4 Almased-Phasen

Die Almased-Vitalkost ist wunderbar flexibel. Sie können diese genau an Ihre Bedürfnisse anpassen: Egal ob die Hose nur etwas zwickt oder Sie massive Gewichtsprobleme haben, mit den 4 Almased-Phasen erreichen Sie Ihre Wunschfigur. Wie lange Sie jede der 4 Phasen durchführen, hängt ganz von Ihrem Terminplan und dem gewünschten Gewichtsverlust ab.

1. Phase: Startphase

 Sie nehmen dreimal täglich einen Almased-Shake zu sich und trinken reichlich Wasser. Gegessen wird nichts! Das Stoffwechselfeuer wird kräftig entfacht und das Fett schmilzt dahin. Diese Phase dauert mindestens 3, aber maximal 7 Tage. Mit den vielen Rezeptideen bleibt jede „Mahlzeit" spannend. Vielleicht entwickeln Sie auch eigene Shake-Kreationen. Bitte dann die Zutatenvorschläge auf S. 6–7 beachten.

Auch wenn es ungewohnt ist, bitte zusätzlich zu den Shakes noch reichlich trinken, nämlich 2–3 Liter pro Tag. Das spült die Abbauprodukte, die beim Abnehmen entstehen, aus. Empfehlenswert sind Wasser (wenn möglich Mineralwasser!), Früchtetee, weißer, grüner oder schwarzer Tee und Kaffee ohne Zucker (mit einem Schuss fettarmer Milch). Gern können Sie auch ca. 2 Tassen selbst zubereitete Gemüsebrühe trinken.

2. Phase: Reduktionsphase

 Nach der Startphase kommt die eigentliche Abnehmphase. Während dieser Zeit er-nähren Sie sich von 2 Almased-Shakes und einer normalen Mahlzeit pro Tag. Jetzt wird das überschüssige Fett verbrannt. Die Phase dauert von mehreren Tagen bis höchstens 3 Monate, je nachdem, wie viele Kilos Sie gern loswerden möchten.

Die Rezepte für die normale Mahlzeit müssen kohlenhydratarm und dafür eiweißreich sein (Almased-Prinzip, siehe S. 45–47), sodass der Fettabbau ungehindert ablaufen kann. Idealerweise handelt es sich um die Mittagsmahlzeit. Rezeptideen finden Sie im Almased-Koch-buch. Falls ein Abendessen besser in Ihren Tagesablauf passt, können Sie diese beiden Mahlzeiten auch gern austauschen. Besonders am Abend ist eine geringe Kohlenhydratzufuhr wichtig, dann bitte keine oder nur eine kleine kohlenhydrathaltige Beilage (Brot, Kartoffeln, Reis, Nudeln) essen. Dies gilt generell in allen Phasen für die Abend-mahlzeit.

Zwischen Frühstücks-Shake, Mittagsmahlzeit und Abend-Shake liegen jeweils 4–5 Stunden. Dieser Abstand verbessert die Fettver-brennung noch einmal deutlich. Zwischendrin wird nichts gegessen, aber gern jede Menge Wasser, Tee o. Ä. getrunken.

3. Phase: Stabilitätsphase

 Jetzt sind Sie Ihrer Wunschfigur schon sehr nahe gekommen. Auch in dieser

Phase werden Sie weiterhin abnehmen. In erster Linie geht es nun jedoch darum, den erreichten Gewichtsverlust zu halten und zu stabilisieren. Die Stabilitätsphase ist wichtig, denn jetzt bereiten Sie sich 2 Mahlzeiten zu und genießen noch einen Shake pro Tag, nähern sich also langsam der dauerhaften Ernährung. Durch den Almased-Shake läuft Ihr Stoffwechsel weiterhin optimal, er wird auf dem Niveau der aktivierten Fettverbrennung stabilisiert.

Idealerweise bereiten Sie die Mahlzeiten gemäß den Almased-Prinzipien morgens und mittags zu. Abends legen Sie den Schalter mit dem Shake über Nacht dann noch einmal verstärkt auf Fatburn um. Sie können mit dem Shake aber auch das Frühstück oder das Mittagessen ersetzen. So „üben" Sie, alle Mahlzeiten nach dem Almased-Prinzip zusammenzustellen. Je länger Sie in der Stabilitätsphase bleiben, desto besser, diese darf gern ein halbes Jahr oder länger dauern. Dann haben Sie die neuen Ernährungsprinzipien so verinnerlicht, dass die Gefahr, in alte Ernährungsmuster zurückzufallen, extrem gering ist.

4. Phase: Lebensphase

 Ja, Sie haben es geschafft! Sie fühlen sich leichter, vitaler und schauen wieder gern in den Spiegel. So möchten Sie bleiben! Und das ist jetzt tatsächlich ein Kinderspiel, wenn Sie den Almased-Prinzipien treu bleiben. Essen Sie weiterhin nicht mehr als 3 Mahlzeiten pro Tag im Abstand von 4–5 Stunden. Keine Zwischenmahlzeiten. Damit Ihr Stoffwechsel weiterhin aktiv bleibt, rühren Sie täglich die zu Ihrer Körpergröße passende Menge Almased (siehe Tabelle S. 11) in einen Drink oder ins Müsli. Oder Sie nehmen einen Almased-Shake zur Regeneration nach dem Sport zu sich (siehe S. 78–79).

Die

Beerenfrüchte

Erdbeeren, Himbeeren, Heidelbeeren – damit wird Ihr Almased-Shake zum Fruchtgenuss. In der Saison natürlich am liebsten frische, reife Früchte verwenden; sonst nehmen Sie Tiefkühlware, die Sie vor der Zubereitung eine Weile auftauen lassen.

Heidelbeeren

Heidelbeeren, frisch oder gefroren, enthalten besonders viel von den sog. Anthocyane, einem sekundären Pflanzenstoff, der die Beeren blau färbt. Sie fangen freie Radikale ab und wirken somit positiv auf das Immunsystem und halten die Haut jung.

Mango

Auf die Reife achten: Sie erkennt man an ihrem intensiven Duft. Außerdem gibt die Frucht auf leichten Fingerdruck nach. Mangos sind reich an Vitamin A und C, wichtig für die Zellerneuerung und das Immunsystem.

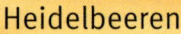

Fruchtigen

Zitronensaft

Ein Teelöffel Zitronensaft dazu und der
Shake wird viel erfrischender. Zitronensaft ist nicht nur vitaminreich, sondern
verstärkt auch den Geschmack der
weiteren Fruchtzutaten. Übrigens wirkt
er im Körper basisch und nicht sauer.

Joghurt

Fettarmer Naturjoghurt (1,5 % Fett)
schmeckt erfrischend und lässt sich
mit allen Früchten kombinieren. Die
Milchsäurebakterien sind prima für
die Darmgesundheit und super für
die Verdauung.

Papaya-Shake

» Wie wäre es mal mit exotischem Fruchtgenuss? Garnieren Sie Ihren tropischen Shake mit Zitronenminze.

⊘ **5 Min.**

50 g Papaya • 1 EL Maracuja •
80 g Seidentofu • 120 ml Sojamilch •
1 EL Rapsöl • 50 g Almased •
1 Prise Vanillepulver

Papaya- und Maracujafruchtfleisch pürieren. Alle weiteren Zutaten zugeben und alles gut miteinander verrühren.

Nährwerte: ›370 kcal ›36 g E ›14,7 g F ›24 g KH ›2 BE ›2,5 g BS

Erdbeer-Traum

» Mit frischen, saftig-süßen Erdbeeren ein herrlicher Sommergenuss.

⊘ **5 Min.**

200 ml Mandeldrink • 50 g Erdbeeren • einige Tropfen Zitronensaft •
50 g Almased • 1 EL Leinöl •
¼ TL Vanillepulver

Die Erdbeeren waschen und mit einem Teil der Mandelmilch pürieren.
Dann die restlichen Zutaten zugeben
und kräftig unterschlagen.

Nährwerte: ›340 kcal ›28 g E ›14 g F
›24 g KH ›2 BE ›4,2 g BS

Pink Lady

》 Zart-fruchtiger Himbeer-Shake. Wenn
es frische Himbeeren sind, dekorieren
Sie mit einigen Früchten.

⊘ **5 Min.**

175 ml Kefir • 25 ml Mineralwasser •
1 EL Walnussöl • 50 g Himbeeren •
50 g Almased

Kefir, Wasser und Öl verrühren.
Himbeeren pürieren und zugeben.
Almased gut unterrühren.

Nährwerte: ›360 kcal ›33,3 g E
›12,3 g F ›24 g KH ›2 BE ›2,5 g BS

Coco-Mango

» Die Seele baumeln lassen. – Kokos und Mango verleihen dem Shake einen karibischen Hauch.

⊘ **5 Min.**

100 ml Coco-Mango-Drink (Alnatura) • 100 ml Molke • 2 EL (20 ml) Mango-Maracuja-Smoothie • 1 EL Rapsöl • 50 g Almased • 1 Prise Kurkuma • 1 Msp. Vanillepulver

Alle Zutaten sehr gut miteinander verrühren.

Nährwerte: ›340 kcal ›28 g E ›12 g F ›28 g KH ›2,3 BE ›1 g BS

Zitrus-Shake

》 Noch müde oder gefrustet? Wirkt erfrischend und aufmunternd zu jeder Tageszeit.

⊘ **8 Min.**

100 ml Buttermilch • 100 g Joghurt (1,5 % Fett) • 1 EL Rapsöl • 1 TL Zitronensaft • 1–3 Tropfen Zitronenöl • ½ TL abgeriebene Zitronenschale • 50 g Almased • 6 Blättchen frische Minze

Alle Zutaten gut miteinander verrühren, 3 Minzeblättchen fein hacken und mit dem Almased unterrühren. In ein Glas füllen und mit der restlichen Minze garnieren.

Nährwerte: ›345 kcal ›34 g E ›11,7 g F ›24 g KH ›2 BE ›0 g BS

Berry Happy

>> Dekorieren Sie Ihren Shake mit
6 schönen Früchten auf einem Spießchen (ein Zahnstocher tut es auch).

⊘ **8 Min.**

200 ml Sojadrink · 20 g Heidelbeeren · 20 g Himbeeren · 20 g Erdbeeren · 1 EL Leinöl · 50 g Almased ·
½ TL Vanillepulver

Beeren waschen, (bis auf 6 Stück)
pürieren, mit Sojadrink auffüllen.
Alle anderen Zutaten kräftig unterrühren. Bei Bedarf noch Mineralwasser zugeben.

Nährwerte: ›350 kcal ›34 g E ›14 g F
›22 g KH ›1,8 BE ›5 g BS

Mango-Basil

» Raffiniert: Probieren Sie doch auch mal diese Variante mit Mango, Kokosmilch und Basilikum aus.

⏱ **5 Min.**

60 g Mango • 100 ml Kokosmilch •
80 ml Wasser • 1 EL Walnussöl •
1 TL Zitronensaft • 2 Stiele Basilikum •
50 g Almased

Mango waschen, schälen und klein schneiden, mit dem Basilikum pürieren. Mit allen weiteren Zutaten auffüllen und gut durchrühren.

Nährwerte: ›320 kcal ›27,5 g E
›11,7 g F ›24 g KH ›2 BE ›0 g BS

Joghurt-Erdbeer

>> Holen Sie sich den Sommer ins
Glas. – Mit gut gekühltem Joghurt
oder einem Eiswürfel besonders
erfrischend.

⏱ **5 Min.**

50 g Erdbeeren • 1 TL Zitronensaft •
150 g Joghurt (1,5 % Fett) • 50 g Sojamilch • 1 EL Rapsöl • 50 g Almased •

Erdbeeren mit dem Zitronensaft
pürieren. Restliche Zutaten kräftig
unterrühren.

Nährwerte: ›355 kcal ›34 g E ›11,7 g F
›26 g KH ›2,2 BE ›2 g BS

100 Prozent Natur: Was in Almased steckt

Die folgenden 3 wertvollen Rohstoffe werden in einem Fermentationsprozess verschmolzen, dabei verstärken sich die Wirkstoffe im Zusammenspiel.

Hochwertiges Sojaprotein: Almased verwendet eine spezielle Sojaproteinqualität aus traditionellem Anbau (GMO-frei), die auch zur Herstellung von Säuglingsnahrung zugelassen ist.

Probiotischer Joghurt: Er verstärkt die Wirkungen des Sojaproteins und wirkt positiv auf das Immunsystem.

Enzymreicher Honig: Die natürlichen Enzyme im flüssigen, naturbelassenen Honig sind wichtig für den Herstellungsprozess von Almased. Sie wirken präbiotisch, haben positiven Einfluss auf die Gewichtsentwicklung, auf das Schlafverhalten und das Immunsystem. Der Honig gibt Almased den wohltuend süßen Geschmack.

Was garantiert nicht drin ist: Neuere Forschungen zeigen, dass Lebensmittelzusatzstoffe das hormonelle System stark irritieren können. Auch deshalb enthält Almased keine künstlichen Aromen, Süßstoffe und Füllstoffe. Almased ist glutenfrei und enthält keinen zugesetzten Zucker oder genveränderte Inhaltsstoffe.

> **»** Ich spüre, dass mir die natürlichen Zutaten guttun.«

Außerdem: Eine Almased-Mahlzeit verleiht Energie und sättigt für 4–5 Stunden – und das bei relativ geringer Kalorienzahl und einer Vielzahl hochwertiger Inhaltsstoffe. Gleichzeitig werden wichtige hormonelle Regelkreise harmonisiert.

Noch einmal im Überblick:

- Sie nehmen je nach Körpergröße 50, 60, 70 oder 80 g Almased (5, 6, 7 oder 8 gehäufte Esslöffel),
- geben es in 200–300 ml Wasser bzw. 200 ml der angegebenen Flüssigkeit plus 50 bis 100 ml Wasser,
- fügen 1 EL Omega-3-Fettsäuren-reiches Öl hinzu,
- verrühren alles gut miteinander (z. B. im Shaker) und
- trinken den Shake in kleinen Schlucken genüsslich aus.
- Sie halten Mahlzeitenabstände von 4–5 Stunden ein.

Blaues Wunder

》 Gönnen Sie sich die blauen Wunder-
beeren, so oft es geht. – Auch im
Winter als Tiefkühlware.

⊘ **5 Min.**

50 g Heidelbeeren • 100 ml Buttermilch • 100 ml Kefir • 1 EL Rapsöl •
1 Prise Vanillepulver • 50 g Almased

Heidelbeeren waschen und pürieren.
Die restlichen Zutaten zugeben und
alles gut miteinander verrühren.

Nährwerte: ›355 kcal ›34 g E ›11,7 g F
›26 g KH ›2,2 BE ›2 g BS

Mango-Joghurt

» Am besten gleich genießen, sonst wird der Shake bitter.

🕑 5 Min.

50 g Mango • 1 TL Zitronensaft • 100 g Joghurt (1,5 % Fett) • 100 ml Sojamilch • 1 EL Rapsöl • 50 g Almased

Mango waschen, schälen, klein schneiden und pürieren. Alle weiteren Zutaten zugeben und alles gut miteinander verrühren.

Nährwerte: ›365 kcal ›34 g E ›12 g F ›28 g KH ›2,4 BE ›2 g BS

Arancia

>> Durch Orangenduft und -geschmack stimmungsaufhellend in der dunklen Jahreszeit. Am besten mit frisch gepresstem Orangensaft.

⊘ **5 Min.**

150 ml Milch (1,5 % Fett) • 50 ml Wasser • 1 EL Walnussöl • ½ TL abgeriebene Orangenschale • 1 EL Orangensaft • einige Tropfen Orangenöl • ¼ TL Zimt • 50 g Almased

Alle Zutaten miteinander verrühren. Almased kräftig unterrühren.

Nährwerte: ›335 kcal ›32 g E ›12 g F ›24 g KH ›2 BE ›0 g BS

Die

Kräuter

Beim Experimentieren mit Kräutern sind Ihnen keine Grenzen gesetzt: Basilikum, Petersilie, Schnittlauch, Minze ... am besten frisch verwenden, aber auch als Tiefkühlware oder getrocknet bringen sie Abwechslung in jeden Shake.

Avocado

Reife Avocados sind einfach köstlich! Sie sind zwar sehr fettreich, aber es sind „gute Fette". Deshalb dürfen Sie sich immer wieder einmal einen Shake mit Avocado gönnen. Wichtig: Nur noch 1 TL Öl zugeben!

Gurke

Frische Salatgurken bestehen überwiegend aus Wasser und sind damit eine super Grundlage für einen Gemüseshake. Und sie entwässern toll, helfen also Darm und Nieren.

Grünen

Rohes Gemüse

Püriert schmecken fast alle Gemüsesorten auch roh: Spinat, Kohlrabi und selbst Grünkohl. Das sind dann wahre Antioxidanzien-Booster. Verträglichkeit beachten: Wenn Sie einen empfindlichen Darm haben, testen Sie erst eine kleine Menge aus oder dämpfen Sie das Gemüse vor dem Pürieren. Kohlgemüse wirkt oft blähend!

Tomaten, -saft

Als Saft das ganze Jahr erhältlich. Frische Tomaten besser nur im Sommer verwenden, da sind sie richtig aromatisch und schmackhaft. Fertige Säfte bitte nur ungesüßt!

Avocado-Lassi

» Ideal als sommerliche Abendmahl-
zeit. Bekommt durch die Avocado
besonders zarten Schmelz.

⊘ **10 Min.**

70 g Gurke • 70 g Avocado •
50 ml Mineralwasser • 1 TL Rapsöl •
70 g Joghurt (1,5 %) • 1 TL Kräutermischung • 1 TL Zitronensaft •
50 g Almased

Gurke und Avocado schälen, klein
schneiden und pürieren. Alle
anderen Zutaten zugeben und
unterrühren. Zum Schluss Almased
einrühren.

Nährwerte: ›360 kcal ›31 g E ›16 g F
›22 g KH ›1,8 BE ›4 g BS

Kohlrabi-Drink

>> Wenn Sie mögen, geben Sie noch Kresse dazu, das bringt eine leichte Schärfe in den Drink. – Gut zum Mittag geeignet.

⊘ **8 Min.**

1 großer Kohlrabi • ¼ Gurke • 1 Handvoll Petersilie • 1 EL Rapsöl • 50 g Almased • 1 EL Kresse (nach Belieben)

Gemüse und Petersilie waschen, putzen und in den Entsafter geben (ergibt ca. 200 ml). Öl und Almased kräftig unterschlagen, in ein schönes Glas füllen und nach Wunsch mit Kresse aufpeppen.

Nährwerte: ›340 kcal ›29 g E ›12 g F ›15 g KH ›1,3 BE ›1,5 g BS

Grün hoch 3

>> Lust auf ein Salat-Feeling und Kräuter?
Dann bereiten Sie sich diesen grünen
Shake zu.

⊘ **12 Min.**

130 g Gurke • 50 g Avocado •
1 EL Petersilie • 1 TL Schnittlauch •
1 TL Basilikum • 20 g Rucola •
80 ml Mineralwasser • 1 TL Olivenöl •
schwarzer Pfeffer • 50 g Almased

Gemüse, Kräuter und Salat mit Öl,
Pfeffer und Mineralwasser gut pürieren. Almased kräftig unterrühren.
Bei Bedarf mit mehr Mineralwasser
auffüllen.

Nährwerte: ›320 kcal ›30 g E ›12,7 g F
›15 g KH ›1,25 BE ›4,5 g BS

Italien Style

>> Tomaten, Basilikum und Olivenöl ergeben den unverwechselbaren Geschmack.

⊘ **5 Min.**

2 große Fleischtomaten (250 g) •
1 Handvoll Basilikum • Salz und
Pfeffer • 1 EL Olivenöl • 50 g Almased

Tomaten und Basilikumblätter waschen und entsaften (oder gut pürieren), mit etwas Salz und frisch gemahlenem Pfeffer würzen. Almased und Olivenöl kräftig unterrühren, mit einigen Basilikumblättchen garnieren.

Nährwerte: ›335 kcal ›31 g E ›13 g F ›15 g KH ›1,3 BE ›2 g BS

» Knackiges Gemüse
aus dem Wok mag ich
besonders gerne.«

Wie sehen die Mahlzeiten aus?

Nur in der kurzen Startphase ersetzen Sie jede der 3 Mahlzeiten pro Tag durch einen Shake. Bereits in der 2. Phase (Reduktionsphase) bereiten Sie sich eine Mahlzeit zu. Die Almased-Prinzipien dafür sind ganz einfach – lesen Sie hier.

Die Mahlzeit, die Sie sich außerhalb der Shakes zubereiten, egal ob es sich um das Frühstück, das Mittagessen oder das Abendessen handelt, sollte ausgewogen und abwechslungsreich sein. Die Menge der Kohlenhydrate ist dabei reduziert, der Eiweißanteil ist sehr wichtig und die richtigen Fette ebenfalls. Und natürlich ein relativ großer Anteil an „Buntem". Schauen Sie einfach, welche Gemüsesorten gerade Saison haben, oder lassen Sie sich von der Vielfalt Ihres Wochenmarktes inspirieren.

Nur eine kleine Portion Kohlenhydrate

Kohlenhydrate machen in etwa ¼ Ihrer Mahlzeit aus. Dabei ist wichtig, dass Sie ballaststoffreiche Kohlenhydrate, also vorzugsweise Vollkornprodukte, auswählen. Die Portionsgröße liegt bei ca. 50 g (ca. 4 Esslöffel) Vollkornteigwaren oder Reis im Rohgewicht oder wahlweise 3 kleine Kartoffeln. Das entspricht ca. 4 Esslöffeln bzw. einer Scheibe Vollkornbrot oder einem -brötchen.

Wichtig: der Eiweißanteil

Eiweiß hält lange satt. Zu einer Mahlzeit gehört auch immer eine Portion Eiweiß. Das könnte sein: 150–200 g mageres Fleisch, Fisch oder Meeresfrüchte oder 1–2 Eier, Tofu, Kräuterquark, Hüttenkäse, Käse, Joghurt oder Milch.

Das bunte Extra

Besonders wichtig für die Versorgung mit Vitaminen, Mineralstoffen, sekundären Pflanzenstoffen und Ballaststoffen ist das Bunte auf Ihrem Teller. Sprich Gemüse und Salat. Wählen Sie aus der gesamten Palette, je nach Saison und Geschmack. Das wasserreiche Gemüse ist ein wesentlicher Bestandteil Ihrer Mahlzeiten; auch mengenmäßig betrachtet. Denn es sollte den halben Teller und damit den Magen füllen. Ein Schälchen knackigen Salat der Saison kann es gern noch extra geben.

Bitte beachten Sie, dass Hülsenfrüchte zwar gesund sind und schön satt machen, aber auch Kohlenhydrate enthalten und daher den Teller nur zu einem Viertel füllen sollten. Das gilt auch für Mais.

Hochwertiges Fett

Für die 2–3 Fleischmahlzeiten pro Woche wählen Sie mageres Fleisch (ca. 150-200 g pro Portion). Bei den 2 Fischmahlzeiten (ca. 150 g pro Portion) pro Woche sollte es sich um fette Kaltwasser-(See)fische

(z. B. Lachs, Hering, Makrele, Thunfisch, Forelle) handeln, denn die sind sehr reich an Omega-3-Fettsäuren. Streichfett wie Butter oder Margarine bitte – wenn überhaupt – sparsam verwenden.

Pro Mahlzeit gehört 1 EL hochwertiges Pflanzenöl dazu. Rapsöl ist, sofern nicht kalt gepresst, geschmacksneutral und eignet sich sehr gut zum Braten, Dünsten, Kochen und Backen. Für kalte Speisen sind kalt gepresstes Walnuss-, Lein- oder Olivenöl zu empfehlen.

Zwischendurch viel trinken

Trinken Sie täglich 2,5–3 Liter energiefreie Flüssigkeit. Mineralstoffreiches Mineralwasser ist ideal geeignet. Darin sind viele lebenswichtige Mineralsalze gelöst, die die Stoffwechselprozesse in Gang setzen und somit den Körper mit Energie versorgen.

Außerdem stellt das Wasser im Körper ein wichtiges Transportmittel dar. So können die beim Fettabbau entstehenden Abbauprodukte bestens aus dem Körper ausgeschleust werden.

Morgens können Sie gern auch mit einem Kaffee (ohne Zucker) mit einem Schuss fettarmer Milch in den Tag starten. Auch am Nachmittag können Sie sich eine Tasse Kaffee mit fettarmer Milch gönnen (ohne Zucker). Teetrinkern steht die ganze Vielfalt von Kräuter-, Grün- und Früchtetees offen. Wenn Sie Lust auf etwas Herzhaftes haben, genießen Sie eine selbst hergestellte Gemüsebrühe.

Radieschen-Shake

» Fühlen Sie sich schlapp? Dann versuchen Sie mal die türkische Almased-Variante mit Ayran, Radieschen und Chili.

⊘ **10 Min.**

30 g Radieschen • 20 g Schalotte • 50 g Gurke • 150 ml Ayran • 1 EL Zitronensaft • 1 EL Rapsöl • 50 g Almased • 1 Msp. Chilipulver

Gemüse putzen und pürieren. Ayran, Zitronensaft und Öl unterrühren. Bei Bedarf etwas Mineralwasser zugeben. Almased einrühren. Mit Chilipulver würzen.

Nährwerte: ›340 kcal ›32,7 g E ›11,4 g F ›23,7 g KH ›2 BE ›1,2 g BS

Gemüsesaft

>> Wenn es schnell gehen muss, neh-
men Sie fertigen Gemüsesaft. Mit
einem Spritzer Tabasco wird es noch
pikanter.

⏱ **4 Min.**

50 ml Rote-Bete-Saft • 100 ml Karottensaft • 50 ml Selleriesaft • 1 Prise
Pfeffer • 1 EL Rapsöl • 50 g Almased

Alle Zutaten gut miteinander verrühren und genießen.

Nährwerte: ›315 kcal ›28 g E ›11,3 g F
›24 g KH ›2 BE ›1 g BS

Sauerkraut-Shake

» Zugegeben – diese Kombi ist ungewöhnlich. Aber wenn Sie Sauerkraut mögen, werden Sie auch diesen Shake lieben.

🕐 **5 Min.**

200 ml Sauerkrautsaft • 1 EL Rapsöl • 50 g Almased • 1 Prise gemahlener Kümmel • 1 Prise Kurkuma • 1 Prise gemahlener Ingwer • Pfeffer

Alle Zutaten gut miteinander verrühren, in ein Glas geben, noch etwas frisch gemahlenen Pfeffer dazu und genüsslich schlürfen.

Nährwerte: ›300 kcal ›29 g E ›12 g F ›18 g KH ›1,5 BE ›0,2 g BS

Bloody Alma

>> Tomatensaft: zum Einheizen mit Pfeffer, etwas Tabasco und Chili oder milder mit einem Teelöffel fein gehackten italienischen Kräutern.

⊘ **2 Min.**

200 ml Tomatensaft • 25 ml Mineralwasser • 1 EL Olivenöl • 50 g Almased

Alle Zutaten gut miteinander verrühren.

Nährwerte: ›305 kcal ›28,5 g E ›11,1 g F ›20 g KH ›1,7 BE ›1 g BS

Green Energy

>> Extrem gesund – der rohe Grünkohl fordert allerdings die Verdauung heraus! Am besten mittags genießen.

⊘ **8 Min.**

60 g Grünkohl • 25 g Birne •
200 ml Mandeldrink • 50 g Almased •
1 EL Rapsöl

Grünkohl waschen, grob zerkleinern und mit der Birne sehr gut pürieren. Den Mandeldrink zugeben und weiter pürieren. Almased und Öl kräftig unterrühren.

Nährwerte: ›360 kcal ›30 g E ›15 g F
›24 g KH ›2 BE ›6,5 g BS

Spinat-Shake

>> Ihr Antioxidanzien-Drink: Gemüsiger kann ein Almased-Shake nicht sein. Einige Basilikumblätter zum Garnieren nehmen.

⊘ **12 Min.**

100 g Gurke • 100 g Spinat • 100 ml Tomatensaft • 50–75 ml Mineralwasser • 1 EL Olivenöl • 1 TL Zitronensaft • 2 Stiele Basilikum • Pfeffer • 50 g Almased

Alle Zutaten pürieren. Zum Schluss Almased kräftig unterrühren.

Nährwerte: ›330 kcal ›31 g E ›12,6 g F ›16 g KH ›1,25 BE ›3,5 g BS

Ingwer

Verwenden Sie frische Ingwerwurzel, gerieben oder fein gehackt. Auch Ingwerpulver gibt dem Shake eine sanfte Schärfe.

Die

Curry

Es gibt schärfere und mildere Varianten – je nach Geschmack. Schon wenig Curry reicht aus, um Ihrem Almased-Shake eine asiatische Note zu verleihen.

Chili

Achtung, scharf! Aber lecker und sooo gesund. Wie auch Ingwer und Meerrettich aktiviert es den Stoffwechsel und ist ein idealer Abnehmhelfer.

Rettich
Natürlich scharf durch Senföle und reich an Vitamin C und Mineralien. Kommt eine Erkältung? Mit Rettich kann man sie schnell in den Griff bekommen.

Scharfen

Meerrettich
Frisch geriebener Meerrettich ist richtig scharf und superlecker! Lieber erst einmal weniger probieren, sonst tränen Ihnen die Augen.

Rettich-Shake

>> Putzt die Atemwege frei. Die Schärfe können Sie mit der Rettichmenge dosieren.

🕐 **10 Min.**

½ Rettich • ½ Gurke • 1 Karotte • ¼ Bund Dill • 1 EL Rapsöl • 50 g Almased

Gemüse waschen, putzen und mit ¾ des Dills in einen Entsafter geben (ergibt ca. 200 ml). Öl und Almased kräftig unterschlagen; in einem Glas mit dem restlichen gehackten Dill bestreuen und genießen.

Nährwerte: ›355 kcal ›30 g E ›13 g F ›15 g KH ›1,3 BE ›2 g BS

Fruit & Chili

>> Kreativität und Abwechslung: Selbst Beerenfrüchte und Chili passen zusammen.

⊘ **5 Min.**

200 ml Sojadrink, light • 50 g Almased • 1 EL Leinöl • 2 EL (20 ml) Smoothie „Purple" • 1 Prise Chilipulver • 1 Prise Ingwerpulver • 1 Prise Vanillepulver

Alle Zutaten sehr gut miteinander verrühren, am besten mit einem Pürierstab, einem Schneebesen oder im original Almased-Shaker.

Nährwerte: ›340 kcal ›34 g E ›14 g F ›21 g KH ›1,8 BE ›2,4 g BS

Asia-Style

» Ein wenig Curry und Kokosmilch – schon schmeckt's asiatisch.

🕐 5 Min.

150 ml Karottensaft • 80 ml Kokos-milch • 1 EL Rapsöl • 1 TL frischer Ingwer, fein gerieben • 1 TL Koriander-blättchen, fein gehackt • ½ TL Curry • 50 g Almased

Karottensaft, Kokosmilch, Curry und Öl verrühren. Ingwer und Korian-der unterrühren. Almased kräftig unterrühren.

Nährwerte: ›315 kcal ›28 g E ›11,6 g F ›24 g KH ›2 BE ›1 g BS

Scharfer Heiner

>> Wenn es bis in die Haarspitzen kribbeln soll, nehmen Sie einen ganzen Teelöffel Meerrettich.

🕐 **8 Min.**

150 g Gurke • 1 TL gehackte Kräuter • ½–1 TL Meerrettich • 100 g Kefir • 1 EL Rapsöl • 1 Schuss Mineralwasser • 50 g Almased

Gurke waschen, putzen und mit Öl, Kefir, Meerrettich, Kräutern und Mineralwasser pürieren. Almased gut unterrühren.

Nährwerte: ›325 kcal ›31 g E ›11,4 g F ›19 g KH ›1,6 BE ›1,5 g BS

Blue Ginger

» Brauchen Sie einen Kick? Mit dem Ingwer drücken Sie den Turbo-Knopf.

⊘ **7 Min.**

50 g Heidelbeeren • 2 cm frischer Ingwer • 200 ml Sojadrink • 1 EL Walnussöl • 1 Prise Vanillepulver • ¼ TL Zimt • 50 g Almased

Heidelbeeren mit klein gehacktem Ingwer pürieren. Nacheinander alle weiteren Zutaten unterrühren.

Nährwerte: ›350 kcal ›34 g E ›13,2 g F ›23,2 g KH ›1,2 BE ›5 g BS

Spicy Tomato

» Vorsicht mit dem Tabasco! Sie wollen doch schließlich kein Feuer spucken.

🕑 **5 Min.**

200 ml Tomatensaft • etwas Tabasco • 1 TL Zitronensaft • 1 Prise Paprikapulver • 1 EL Olivenöl • 50 g Almased

Alle Zutaten in den Almased-Shaker geben, kräftig schütteln, in ein Glas füllen und die Schärfe spüren.

Nährwerte: ›310 kcal ›28 g E ›12 g F ›18 g KH ›1,5 BE ›0,3 g BS

Wie aktivieren die Shakes?

Mit jedem Almased-Shake kommen Sie nicht nur Ihrem Wunschgewicht ein Stückchen näher, sondern tun auch etwas für Ihre Gesundheit. Denn Almased enthält bioaktive Peptide mit gesundheitsfördernden Eigenschaften.

Almased enthält besondere bioaktive Peptide

Eine Studie der Universität Freiburg wies schon 2004 nach, dass eine Diät mit Almased alle vier Faktoren des metabolischen Syndroms positiv beeinflusst, also Übergewicht, Fettstoffwechselstörungen, Bluthochdruck und erhöhten Blutzucker. Die positiven Effekte führen Wissenschaftler nicht nur auf die erreichte Gewichtsabnahme, sondern auch auf die in Almased enthaltenen Inhaltsstoffe zurück. Diese bioaktiven Peptide entstammen dem speziell für Almased hergestellten Joghurt und dem besonders ausgesuchten Sojaprotein. Sie entstehen während des speziellen Herstellungsprozesses, bei dem auch der naturbelassene enzymreiche Honig eine wichtige Rolle spielt. So entwickeln sich aus der Verschmelzung der Inhaltsstoffe synergistische Effekte.

Diese in Almased enthaltenen bioaktiven Peptide wirken dem Übergewicht entgegen, weil sie die Fettbildung hemmen. Außerdem senken sie den Blutdruck und stimulieren das Immunsystem. So

» Almased gibt mir Schwung für den ganzen Tag.«

enthält Almased z. B. das gut untersuchte bioaktive Peptid „Lunasin". Dieses wirkt cholesterinsenkend, antientzündlich, positiv auf das Immunsystem, antioxidativ, hemmt den Fetteinbau in die Zelle und stabilisiert ganz allgemein die Gesundheit der Zelle.

Mit scharfen Gewürzen dem Stoffwechsel einheizen

Scharfe Gewürze wie Chili, Ingwer und Pfeffer helfen beim Abnehmen, da sie den Stoffwechsel ordentlich ankurbeln. Das ist sogar spürbar, denn nach einem scharfen Essen wird einem warm und wenn es sehr feurig war, kommt man sogar ins Schwitzen. Aber scharfe Gewürze können noch mehr, sie bringen auch das vegetative Nervensystem auf Trab. Die Botenstoffe Adrenalin und Noradrenalin werden ausgeschüttet, wir sind fit und hellwach.

Ingwer enthält zudem wichtige Mineralstoffe wie Kalium, Kalzium, Magnesium und Eisen. Damit läuft der Stoffwechsel wie geschmiert. Außerdem fördert Ingwer die Verdauung. Übrigens, wenn Sie Ingwer mit Knoblauch kombinieren, potenzieren sich nicht nur deren Wirkmechanismen, sondern Ingwer macht den Knoblauch auch noch bekömmlicher. Am besten verwenden Sie Ingwer frisch: Einfach die dunkle Schale entfernen und den Ingwer hacken, reiben oder pürieren. Im Entsafter können Sie ihn auch ungeschält verarbeiten. Ingwerpulver ist eine Alternative, falls Sie gerade keinen frischen im Haus haben.

Chili ist durch das enthaltene Capsaicin so scharf. An Spurenelementen enthält es Zink, Kupfer und Mangan. Seine sekundären Pflanzenwirkstoffe erweitern die Gefäße, regen somit die Durchblutung und den Stoffwechsel an. Die Verdauung wird ebenfalls gefördert. Außerdem kann nach neuesten Erkenntnissen Capsaicin sogar das Hungergefühl steuern und dazu beitragen, dass wir uns schneller satt fühlen. Und es macht gute Laune, weil es die Freisetzung von Endorphinen, körpereigenen Glückshormonen, fördert. Sie können frische oder getrocknete Chilischoten oder Pulver verwenden.

In **Pfeffer** ist Piperin der „Scharfmacher". Piperin regt die Produktion von Enzymen an, die den Gallenfluss und die Leberfunktion fördern. So unterstützt es die Fettverdauung. Die im Pfeffer enthaltenen Flavonoide gehören zu den sekundären Pflanzenwirkstoffen. Sie wirken antibakteriell, entzündungshemmend und durchblutungsfördernd.

Meerrettich enthält natürliche Scharfmacher, die die Durchblutung fördern, und Glucosinolate, die antibakteriell und entzündungslindernd wirken. Außerdem ist Meerrettich reich an Kalium, das Herz und Nerven stärkt.

Machen Sie sich auch die besondere Kraft der Kräuter zunutze. Sie enthalten ätherische Öle, die antioxidativ wirken. Kräuter können auch für die Entspannung des Magen-Darm-Traktes sorgen (Basilikum), manche fördern die Fettverdauung (Salbei und Rosmarin) oder regen die Durchblutung an (Rosmarin). Petersilie kann sogar noch mehr: Sie ist extrem reich an Mineralstoffen und Vitaminen, wirkt entwässernd und entgiftend und regt den Stoffwechsel an. Schnittlauch hat ähnlich tolle Eigenschaften wie Petersilie. Zusätzlich ist er ein hochwirksamer Radikalfänger, der den Alterungsprozess hemmen kann. – Nicht zu vergessen: der unverwechselbare Kräutergeschmack und -duft. Frische Kräuter sind natürlich am besten: im Winter im Töpfchen auf der Fensterbank und im Sommer im Garten oder auf dem Balkon. Auch gut: tiefgekühlte Kräuter. Und es ist immer noch besser, getrocknete Kräuter als gar keine Kräuter zu verwenden.

Die Scharfen

Rucola-Shake

>> Orange und grün ist eine super Kombi beim Gemüse, das gibt einen echten Antioxidanzien-Kick.

🕐 **10 Min.**

½ Gurke • 2 Karotten • 1 Handvoll Petersilie • 1 Bund Rucola • 1 Stück Ingwer • 1 EL Rapsöl • 50 g Almased

Gemüse und Kräuter waschen, putzen und in den Entsafter geben (ergibt ca. 200 ml). Öl und Almased kräftig unterschlagen, in ein schönes Glas umfüllen und mit einem Petersiliensträußchen dekorieren.

Nährwerte: ›360 kcal ›31 g E ›13 g F ›15 g KH ›1,3 BE ›2 g BS

Berry & Ginger

» Wenn süße Beerenfrüchte auf
scharfen Ingwer treffen, können Ihre
Geschmacksknospen was erleben.

⊙ **8 Min.**

25 g Himbeeren • 25 g Heidelbeeren •
1 TL Ingwerpüree • 200 ml Sojadrink •
1 Prise Kurkuma • 1 Prise Vanillepulver • 1 EL Walnussöl • 50 g Almased

Beerenfrüchte waschen, pürieren,
Ingwerpüree unterrühren, mit Sojadrink auffüllen und die restlichen
Zutaten gut unterrühren. Bei Bedarf
noch Mineralwasser zugeben.

Nährwerte: ›350 kcal ›34 g E ›13 g F
›22 g KH ›1,8 BE ›5 g BS

Karotte-Ingwer

>> Super Wachmacher am Morgen oder bei einem kleinen Mittagstief: Mit dem scharfen Ingwer kommen Sie auf Touren.

⊘ **10 Min.**

200 ml Karottensaft • 25 ml Mineralwasser • 1 EL Rapsöl • ½ TL Ingwer, fein gerieben • 1 TL gehackte Petersilie • 50 g Almased

Karottensaft, Mineralwasser und Öl verrühren. Ingwer und ½ TL Petersilie zugeben. Almased gut unterrühren, in ein Glas füllen und mit der restlichen Petersilie bestreuen.

Nährwerte: ›325 kcal ›28,4 g E ›11,4 g F ›24,8 g KH ›2 BE ›2 g BS

Rote-Bete-Shake

» Bauen Sie diese tolle Knolle so oft wie möglich in Ihren Speiseplan ein.

⊘ **5 Min.**

1 große Rote Bete (vorgekocht) •
1 Stück Ingwer • 1 EL Rapsöl •
50 g Almased

Rote Bete und Ingwer in den Entsafter geben (ergibt ca. 200 ml) oder pürieren. Öl und Almased anschließend kräftig unterschlagen und in Ruhe genießen.

Nährwerte: ›340 kcal ›29 g E ›12 g F ›15 g KH ›1,3 BE ›2 g BS

Matcha

Dieser gesunde Wachmacher ist eine besondere Sorte des japanischen Grüntees und bedeutet „gemahlener Tee". Er ist reich an Chlorophyll, Eisen und Antioxidantien, die freie Radikale abfangen. Erhältlich im Teegeschäft oder Bioladen.

Die

Kokosmilch

Macht den Shake besonders sahnig und mild. Sie ist ein sehr guter und vielseitig einsetzbarer pflanzlicher Ersatz für Sahne. Für die Shakes bitte die fettärmeren Varianten bevorzugen.

Smoothies

Fertig gekauft peppen sie einen Shake super und schnell auf. Wichtig: Es soll kein Zucker zugesetzt sein. Und nicht mehr als im Rezept angegeben verwenden, da sie viele Kohlenhydrate enthalten.

Erdnussbutter

Na sowas, selbst Erdnussbutter ist erlaubt!? Ja, denn eine kleine Menge reicht, um dem Shake den typischen Geschmack zu verleihen. Für alle Erdnuss-Fans ein echtes Highlight.

Extravaganten

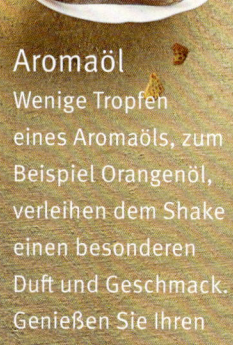

Kurkuma

Das enthaltene Curcumin ist ein Zellschutzstoff, der entzündungshemmend wirkt. Die ätherischen Öle senken die Blutfettwerte und stärken das Herz-Kreislauf-System.

Aromaöl

Wenige Tropfen eines Aromaöls, zum Beispiel Orangenöl, verleihen dem Shake einen besonderen Duft und Geschmack. Genießen Sie Ihren so veredelten Shake mit allen Sinnen.

Grüner Tee

Grüner Tee ist durch die enthaltenen Polyphenole sehr gesund und als Grundlage für leckere Shake-Rezepte ideal. Wichtig: Der aufgebrühte Tee muss auf unter 40 Grad abgekühlt sein, bevor Sie das Almased einrühren.

Acai-Shake

» Acai-Beeren wird viel Gutes nachgesagt. – Reich an Antioxidanzien sind sie auf jeden Fall.

🕐 **5 Min.**

150 ml Buttermilch • 50 ml Mineralwasser mit Kohlensäure • 30 ml Acaisaft • 1 EL Walnussöl • 50 g Almased

Alle Zutaten gut miteinander verrühren, in ein Glas füllen und Schluck für Schluck genießen.

Nährwerte: ›390 kcal ›33 g E ›18 g F ›23 g KH ›1,9 BE ›7,2 g BS

Chai-Latte

» Almased mit seinem Lieblingstee zu-
zubereiten, ist der Clou. Zum Beispiel
auf indische Art mit Chai.

⊘ **3 Min. plus Zieh- und Abkühlzeit**

180 ml Wasser • 2 Teebeutel indischer
Chai • 50 ml Milch (1,5 % Fett) •
1 EL Rapsöl • 50 g Almased •
je 1 Prise Kurkuma, Kreuzkümmel
und Kardamom • ¼ TL Zimt

Tee zubereiten und abkühlen lassen.
Wenn er lauwarm ist, mit Milch und
Öl verrühren. Almased kräftig unter-
rühren. Gewürze zugeben.

Nährwerte: ›295 kcal ›28,3 g E
›11,8 g F ›17,6 g KH ›1,5 BE ›0 g BS

Joe cool

» Hitze? Stress? Nervige Arbeit? Mit diesem coolen Drink kommen Gelassenheit und Energie zurück.

⊘ **5 Min.**

200 ml Mandeldrink, kalt • 1 TL Mandelmus • 1 TL dunkles Kakaopulver • 1 TL Matcha • ¼ TL Vanillepulver • 50 g Almased • 1 TL Walnussöl • 4 Eiswürfel

Alle Zutaten kräftig miteinander verrühren. Die Eiswürfel in ein großes Glas geben und den Mandel-Schoko-Drink einfüllen. Gleich servieren.

Nährwerte: ›350 kcal ›31 g E ›15 g F ›23 g KH ›1,9 BE ›5,5 g BS

Mandel-Matcha

» Vitalisierender Drink mit lieblichem Geschmack.

🕑 **5 Min.**

200 ml Mandeldrink · 1 EL geriebene Mandeln oder Mandelmus · 1 TL Leinöl · ½ TL Machapulver · 1 gestr. EL Sanddorn · 50 g Almased · ¼ TL Vanillepulver

Alle Zutaten kräftig miteinander verrühren.

Nährwerte: ›360 kcal ›29 g E ›16 g F ›24 g KH ›2 BE ›4 g BS

Peanutbutter-Flip

» Amerika lässt grüßen. – Für Erdnuss-Fans ein echter Seelentröster.

⊘ **5 Min.**

100 ml Milch, 1,5 % Fett • 50 g Joghurt,
1,5 % Fett • 50 ml Mineralwasser •
1 EL Erdnussbutter • ½ TL Kakaopulver, dunkel • 50 g Almased •
1 TL Erdnussöl

Alle Zutaten kräftig miteinander
verrühren, in ein Glas füllen und mit
Kakaopulver bestäuben, wenn Sie
mögen.

Nährwerte: ›375 kcal ›35 g E ›15 g F
›25 g KH ›2,1 BE ›1,5 g BS

Arabischer Bazar

» Schlechte Laune? – Lassen Sie sich
vom Duft des Orients umwehen.

🕐 **3 Min. plus Zieh- und Abkühlzeit**

180 ml Wasser • 2 Teebeutel orien-
talischer Tee • 50 ml Sojadrink •
1 EL Rapsöl • 50 g Almased •
2–4 Tropfen Orangenöl • je 1 Prise
Kurkuma, Kreuzkümmel und Vanille •
¼ TL Zimt

Lauwarmen Tee mit Sojadrink
und Öl verrühren. Almased kräftig
unterrühren. Gewürze zugeben und
genießen.

Nährwerte: ›280 kcal ›28,4 g E
›11,4 g F ›16,1 g KH ›1,3 BE ›0,5 g BS

Almased bringt Ihren Körper in Form

Bei einer herkömmlichen Diät wird immer auch Muskulatur abgebaut. Und zwar bis zu einem Drittel. Nicht so bei einer Diät mit der Almased-Vitalkost. Man verliert zwar ordentlich an Gewicht, nicht aber an Muskelmasse. Das wurde in verschiedenen Studien gezeigt. Im Gegenteil, mit Almased fördern Sie sogar Kraft und Ausdauer, egal ob Sie Hobbysportler oder ehrgeiziger Athlet sind.

Die Ausdauerleistungsfähigkeit erhöht sich, denn die aerobe Energiebereitstellung in der Muskelzelle wird verbessert. Auch beim Krafttraining bauten Trainierende, die Almased einsetzten, deutlich mehr Körperfett ab und Muskelmasse auf als die Vergleichsgruppe, die ohne Almased trainiert hatte.

Es konnte ebenfalls in Studien gezeigt werden, dass durch das spezielle Verhältnis von Eiweiß zu Kohlenhydraten und durch den niedrigen GI sowie GL sowohl der Muskelaufbau als auch die Regenerationsfähigkeit nach dem Training verbessert werden können. Es kann obendrein dem Muskelabbau in Trainingspausen, z. B. wegen Verletzung oder Krankheit, entgegenwirken. Wenn Sie die Almased-Vitalkost zum Abnehmen einsetzen, profitieren Sie also auch bei Ihrem Sportprogramm von diesen tollen Trainingseffekten. Ihr Körper kommt super in Form. Falls Sie Sportler sind und keine Diät machen, zeigt die folgende Tabelle, welche Almased-Mengen zur sportlichen Unterstützung empfohlen werden.

Ziel	tägliche Gesamtmenge	wie
Kraftaufbau	50 g	
Ausdauer steigern	50 g	in 1 oder 2 Portionen vor oder nach dem Training
reduziertes Training bei leichter Verletzung	50 g	
Übertraining	50 g	
Trainingspausen überbrücken (z. B. bei einem Infekt)	75 g	3× täglich als Zwischenmahlzeit à 25 g

» Da passe ich schon bald wieder hinein!«

Heidelbeer-Matcha

» Superlecker. Gibt einen Energie-Kick und sättigt schön lange.

⊙ **5 Min.**

50 g Heidelbeeren • 200 ml Soja-drink • 1 EL Leinöl • ½ TL Matcha-pulver • 50 g Almased • ½ TL Vanillepulver

Heidelbeeren waschen, pürieren (einige zur Deko auf ein Spießchen stecken) und mit Sojadrink auffüllen. Alle anderen Zutaten kräftig unter-rühren. Bei Bedarf noch Mineralwas-ser untermischen.

Nährwerte: ›350 kcal ›34 g E ›14 g F ›22 g KH ›1,8 BE ›5 g BS

Lebkuchen-Shake

» Ihr Almased-Shake kann auch weih-
nachtlich werden, wenn Sie mögen. – Bei Kerzenschein auf dem Sofa
nochmal so schön.

⊘ 5 Min.
200 ml Mandeldrink • 1 EL Walnussöl • 1 Prise Lebkuchengewürz •
½ TL Zimt • ¼ TL Vanillepulver

Alle Zutaten kräftig miteinander
verrühren.

Nährwerte: ›325 kcal ›28 g E ›14 g F
›21 g KH ›1,8 BE ›3,2 g BS

Alma-Colada

›› Verbreitet Urlaubsflair. Das ideale Getränk, um am Feierabend zu relaxen.

⊘ **5 Min.**

100 ml Kokoswasser • 100 ml Sojadrink • 1 EL Ananas-Smoothie • 50 g Almased • 1 EL Rapsöl • 1 Msp. Kurkuma • ¼ TL Vanillepulver

Alle Zutaten sehr gut miteinander verrühren.

Nährwerte: ›340 kcal ›31 g E ›13 g F ›24 g KH ›2 BE ›1,5 g BS

Grüntee-Shake

>> Grippe im Anflug? Wappnen Sie sich mit antioxidativer Power. – Hier leistet grüner Tee besonders gute Dienste.

🕐 3 Min. plus Zieh- und Abkühlzeit

180 ml Wasser • 1 Beutel grüner Tee • 1 Beutel Ingwertee • 50 ml Kokos-milch • 1 EL Rapsöl • ½ TL Ingwer-pulver • 50 g Almased

Lauwarmen Tee mit Kokosmilch und Öl verrühren. Almased und Ingwer unterrühren.

Nährwerte: ›275 kcal ›26,8 g E ›11,2 g F ›15,9 g KH ›1,3 BE ›0 g BS

Green-Tea-Matcha

>> Behalten Sie einige Krümel des Zitronenabriebs zur Deko zurück – das Auge trinkt schließlich mit.

⊘ **5 Min. plus Zieh- und Abkühlzeit**

200 ml Wasser • 2 Beutel grüner Tee • ½ Bio-Zitrone (Schalenabrieb) • 1 TL Matcha • 50 g Almased • 1 EL Rapsöl

Grüntee aufgießen, ca. 5–10 Minuten ziehen und anschließend abkühlen lassen. Alle Zutaten in den kalten Tee einrühren.

Nährwerte: ›280 kcal ›27 g E ›12 g F ›15,5 g KH ›1,3 BE ›0,5 g BS

Matcharinha

>> Ihr erfrischender Sommerdrink – am besten mit Strohhalm ganz genüsslich schlürfen.

⊘ 8 Min.

200 ml kaltes Mineralwasser •
1 Limette (Saft) • 1 TL Matcha •
50 g Almased • 1 EL Rapsöl •
5 Minzeblätter • 4 Eiswürfel •
2 Limettenviertel (Bio)

Mineralwasser, Limettensaft und Matcha kräftig mit dem Schneebesen verrühren. Almased unterrühren. Öl einrühren. Eiswürfel, Limettenviertel und Minze in einem großen Glas mit dem Almased-Shake übergießen.

Nährwerte: ›290 kcal ›27 g E ›12 g F ›17 g KH ›1,4 BE ›0 g BS

Zum

Magerquark

Die ideale „Löffelgrundlage" für cremige Almased-Speisen. In der Magerquark-Variante (0,1 % Fett) ist er fett- und kalorienarm, aber dennoch cremig.

Sanddornmus

Die Beeren sind sehr reich an Vitamin C. Das Mus schmeckt säuerlich-fruchtig und kann wunderbar mit Quark oder Joghurt kombiniert werden. Bitte die ungezuckerten Variante nehmen.

Espresso

Kaffee zum Löffeln – mit etwas eingerührtem kaltem Espresso ist das möglich. Mit Magerquark, etwas Kakaopulver und Almased – fertig ist die leckere Cremespeise.

Löffeln

Knoblauch

Er hat antibakterielle und blutverdünnende
Eigenschaften und hilft, Blutdruck und Cho-
lesterinspiegel zu senken. Ingwer mildert
seine „Duftstoffe", also gerne etwas Ingwer
dazugeben, wenn Sie Knobi verwenden.

Seidentofu

Dieser wasserreiche Tofu ist
besonders zart und cremig und
eignet sich sogar als Grundlage für
Almased-Eis – ein unvergleichli-
cher Genuss! Er ist mittlerweile in
jedem Bio-Supermarkt erhältlich.

Heidelbeerquark

» Garnieren Sie den Quark mit einigen besonders saftigen Heidelbeeren.

⊘ **10 Min.**

150 g Magerquark • 50 ml Mineral-wasser • ½ Vanilleschote • 50 g Heidelbeeren • 1 EL Rapsöl • 50 g Almased

Quark mit Mineralwasser glatt-rühren; Vanillemark ausstreichen, Heidelbeeren zerdrücken (bis auf die Deko-Heidelbeeren) und alle Zutaten gut miteinander verrühren. Almased zum Schluss mit einem Schneebesen einrühren.

Nährwerte: ›405 kcal ›47 g E ›13 g F ›23 g KH ›1,9 BE ›2,5 g BS

Sanddornquark

>> Durch die feine Säure des Sanddorns
ein besonders erfrischender Quark-
genuss.

⊘ **10 Min.**

150 g Magerquark • 50 ml Mineralwasser • 3 EL Sanddornmus (20 g) •
1 EL Rapsöl • 50 g Almased

Alle Zutaten gut miteinander
verrühren. Almased zum Schluss
am besten mit dem Schneebesen
einrühren. Dann gibt es keine
Klümpchen.

Nährwerte: ›420 kcal ›47 g E ›13 g F
›26,5 g KH ›2,2 BE ›1 g BS

Espresso-on-top

》 Kleine Kaffeepause gefällig? – Für alle Genießer italienischer Momente.

🕑 **10 Min.**

125 g Magerquark • 40 ml Mineral-wasser • ½ TL Vanillepulver • 1 EL Rapsöl • 50 g Almased
Topping: 25 g Magerquark • 25 ml Espresso • 2–3 Tropfen Oran-genöl • 1 Msp. dunkles Kakaopulver

Quark mit Mineralwasser glatt-rühren, Vanille und Öl dazugeben, Almased kräftig unterrühren. Für das Topping Quark, Espresso und Orangenöl verrühren, mit Kakaopul-ver bestreuen.

Nährwerte: ›390 kcal ›47 g E ›12,5 g F ›20 g KH ›1,7 BE ›0 g BS

Eis

» Eisgenuss für heiße Sommertage:
Schoko, Vanille oder Zitrone.

☉ **10 Min. plus 30 Min. Gefrierzeit**

200 g Seidentofu • 50 g Almased •
1 EL Rapsöl • ½ TL Honig •
1 Prise Vanillepulver
Für Schokoeis: 1 gestr. TL dunkles
Kakaopulver
Für Vanilleeis: ½ TL Vanillepulver
Für Zitroneneis: 1 Zitrone, abgeriebe-
ne Schale • 1 EL Zitronensaft • einige
Tropfen Zitronenöl

Alle Zutaten gut miteinander verrühren, für 30 Minuten in die Eismaschi-
ne geben oder Schüssel für 1 Stunde
ins Gefrierfach stellen (regelmäßig
mit Schneebesen umrühren).

Nährwerte Schokoeis: ›395 kcal
›40 g E ›16 g F ›22 g KH ›1,8 BE
›0 g BS
Nährwerte Vanilleeis: ›375 kcal
›39 g E ›15 g F ›21 g KH ›1,8 BE
›0 g BS
Nährwerte Zitroneneis: ›380 kcal
›49 g E ›15 g F ›22 g KH ›1,8 BE
›0 g BS

Zum Löffeln

Gazpacho

>> Lust auf Gemüse? Gesünder und leckerer als in dieser Gazpacho kann man es nicht zubereiten!

⊘ **12 Min.**

1 Schalotte • 1 Knoblauchzehe •
½ rote Paprikaschote • ¼ Gurke •
1 Tomate • 1 TL Tomatenmark •
1 Handvoll Kräuter der Saison •
100 ml Gemüsebrühe • Pfeffer und
Salz • 1 EL Olivenöl • 50 g Almased

Zutaten waschen und putzen, in einem hohen Gefäß mit dem Pürierstab zerkleinern. Tomatenmark und Gemüsebrühe zugeben und alles weiter gut pürieren. Pfeffern und bei Bedarf leicht salzen. Öl zugeben und Almased kräftig unterrühren. – Guten Appetit!

Nährwerte: ›370 kcal ›32 g E ›13 g F
›17 g KH ›1,4 BE ›6,5 g BS

Tomatensuppe

>> Ideal als Mittagsmahlzeit: diese würzige Tomatensuppe.

⊘ **12 Min.**

1 Stück Zwiebel • 1 Stück Ingwer • 1 Knoblauchzehe • 1 EL Olivenöl • 1 TL Tomatenmark • 180 ml Tomatensaft • 50 ml Gemüsebrühe • 50 g Almased • 2 TL italienische Kräutermischung

Zwiebel, Ingwer und Knoblauch schälen, sehr fein schneiden und in Öl andünsten. Tomatenmark zugeben und kurz mitdünsten. Mit Tomatensaft und Gemüsebrühe aufgießen und alles pürieren. Die Flüssigkeit darf nicht heißer sein als 40° C, wenn Almased mit dem Schneebesen untergerührt wird. Kräuter sehr fein hacken und darüberstreuen.

Nährwerte: ›315 kcal ›29,2 g E ›11,3 g F ›22 g KH ›1,8 BE ›1 g BS

Zum guten Schluss

Haben Sie alle Almased-Phasen gemeistert? Gratulation! Das haben Sie toll gemacht. Sie können sehr stolz auf sich sein. Vielleicht haben Sie Ihr Zielgewicht noch nicht ganz erreicht. Kommen Sie Ihrem persönlichen Wohlfühlgewicht weiterhin Schritt für Schritt näher. Lassen Sie die überflüssigen Pfunde langfristig hinter sich. Ihr neues, jetzt schon erreichtes Lebensgefühl wollen Sie sich nicht mehr nehmen lassen. Kurbeln Sie also Ihre Fettverbrennung dauerhaft an. Bauen Sie einfach von nun an regelmäßig, oder besser noch einmal pro Tag, einen Almased-Shake in Ihren Speiseplan ein: Entweder als Mahlzeiten-Ersatz oder, wenn Sie schon Ihr Wunschgewicht erreicht haben, als Ergänzung zu Ihren neuen und gesunden Ernährungsgewohnheiten. Die Lebensphase zeigt Ihnen, wie das funktionieren kann. In unserem ausführlichen Almased-Kochbuch finden Sie dazu weitere Tipps und Anregungen, auch zur Motivation und zur Überwindung des inneren Schweinehundes.

Außerdem gibt es dort viele Informationen, wie Ihnen Bewegung bei dem Erreichen Ihrer Ziele helfen kann. Und natürlich 130 Rezepte, die alle nach dem Almased-Prinzip zusammengestellt sind. So wird es Ihnen leichtfallen, das neue Ernährungskonzept in Ihre täglichen Gewohnheiten zu übernehmen.

Ich wünsche Ihnen dabei allzeit gutes Gelingen mit viel Spaß und noch mehr Genuss.

Die Autorin

Andrea Stensitzky-Thielemans arbeitete lange Zeit als Diätassistentin in verschiedenen Kliniken und als Leiterin der Diätabteilung einer Reha-Klinik. Später machte sie sich als Ernährungsberaterin (Deutsche Gesellschaft für Ernährung – EB/DGE) und M.O.B.I.L.I.S.-Trainerin im Fachbereich Ernährung selbstständig. Sie ist am Institut für präventive Medizin (IPM) Freiburg für die Bereiche Diabetes und Übergewicht, am Institut für Sport und Sportwissenschaft IFSS an der Universität Freiburg und für den Olympiastützpunkt Freiburg / Schwarzwald, wo sie die Sportler berät, tätig.

Bibliografische Information
der Deutschen Nationalbibliothek
Die Deutsche Nationalbibliothek verzeichnet diese Publikation in der Deutschen Nationalbibliografie; detaillierte bibliografische Daten sind im Internet über http://dnb.d-nb.de abrufbar.

Umschlaggestaltung und Layout: CYCLUS · Visuelle Kommunikation, Stuttgart

Umschlagfotos sowie Fotos im Innenteil: Nikolai Buroh / Westermann & Buroh, Hamburg

Requisite Foodfotografie: Anja Buroh

Foodstyling: Pio

1. Auflage 2015

© 2015 TRIAS Verlag in MVS Medizinverlage Stuttgart GmbH & Co. KG
Oswald-Hesse-Straße 50, 70469 Stuttgart

Printed in Germany

Satz und Repro: CYCLUS · Media Produktion, Stuttgart

gesetzt in Adobe Indesign CS6

Druck: Firmengruppe APPL, aprinta druck GmbH, Wemding

Gedruckt auf chlorfrei gebleichtem Papier

Wichtiger Hinweis:
Wie jede Wissenschaft ist die Medizin ständigen Entwicklungen unterworfen. Forschung und klinische Erfahrung erweitern unsere Erkenntnisse. Ganz besonders gilt das für die Behandlung und die medikamentöse Therapie. Bei allen in diesem Werk erwähnten Dosierungen oder Applikationen, bei Rezepten und Übungsanleitungen, bei Empfehlungen und Tipps dürfen Sie darauf vertrauen: Autoren, Herausgeber und Verlag haben große Sorgfalt darauf verwandt, dass diese Angaben dem Wissensstand bei Fertigstellung des Werkes entsprechen. Rezepte werden gekocht und ausprobiert. Übungen und Übungsreihen haben sich in der Praxis erfolgreich bewährt. Eine Garantie kann jedoch nicht übernommen werden. Eine Haftung des Autors, des Verlags oder seiner Beauftragten für Personen-, Sach- oder Vermögensschäden ist ausgeschlossen.

ISBN 978-3-8304- 8229-1   1 2 3 4 5 6

Auch erhältlich als E-Book:
eISBN (PDF) 978-3-8304-8230-7
eISBN (ePub) 978-3-8304-8231-4

Liebe Leserin, lieber Leser,

hat Ihnen dieses Buch weitergeholfen? Für Anregungen, Kritik, aber auch für Lob sind wir offen. So können wir in Zukunft noch besser auf Ihre Wünsche eingehen. Schreiben Sie uns, denn Ihre Meinung zählt!

Ihr TRIAS Verlag

E-Mail Leserservice
kundenservice@trias-verlag.de

Lektorat TRIAS Verlag
Postfach 30 05 04
70445 Stuttgart
Fax: 0711 89 31-748